땡큐해, 튀소

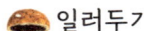 일러두기

- '튀소'는 '튀김소보로'의 애칭입니다.
- 일부 표기는 공식 맞춤법과 다를 수 있으나, 말맛을 온전히 살리기 위하여 저자의 고유한 표현을 그대로 실었습니다.

땡큐해, 튀소

초판 1쇄 인쇄 2025년 8월 25일
초판 1쇄 발행 2025년 9월 1일

발행인 임영진
총괄디렉터 김미진
글쓴이 김영주·서은덕
기획 김미루
디자인 차경연
인쇄 반하다프린팅

펴낸곳 책내는빵집 로쏘(주)성심당
주소 대전광역시 중구 대종로 478. 기록도서관 4F
이메일 bread@sungsimdang.co.kr
홈페이지 www.sungsimdang.co.kr
인스타그램 @sungsimdang.official

ISBN 979-11-991284-0-8
© 2025 책내는빵집 Printed in Korea

이 책은 저작권법에 따라 보호받는 저작물이므로 무단 전재와 무단 복제를 금지하며,
이 책 내용의 일부 또는 전부를 이용하려면 반드시 사전에 저작권자와 출판권자의
서면 동의를 받아야 합니다.
파본이나 잘못된 책은 구입처에서 교환해 드립니다.

시작하며

튀소 청년, 튀소 할배 되다.
튀김소보로가 어느덧 45살이 되었습니다...

튀김소보로가 어느덧 45살이 되었습니다.

하나의 빵이 이렇게 오랫동안 사랑받는다는 것이 기적처럼 느껴집니다.

20대에 개발한 튀김소보로를 70대가 되어 되돌아보니 저에겐 큰 선물이었습니다. 20대 중반 공군 장교로 복무하며 퇴근 후에는 부모님의 빵집 일을 도왔습니다. 제대 후 본격적으로 가업을 이어받으며 뭔가 새로운 것을 시도하고 싶었고, 또 보여드리고도 싶었습니다. 그 당시 단팥빵, 소보로, 도나쓰가 메뉴의 대부분이었는데, 그 셋을 합친 것이 바로 튀김소보로의 탄생입니다.

원래는 초콜릿 코팅까지 할 계획이었는데, 즉석에서 튀긴 튀김소보로의 인기는 미처 코팅할 새도 없이 불티나게 팔렸습니다. 그때부터 튀김소보로의 줄은 끊이지 않았고, 번호표를 만들어 1인 3개씩만 팔 정도로 단번에 성심당의 히트 상품이 되었습니다. 물론 45년 내내 튀김소보로가 인기였던 것은 아닙니다. 90년대 들어 다양한 빵들이 나왔고, 사람들의 입맛도 점차 변해가며 튀김소보로 또한 잊혀진 존재가 될 뻔했습니다.

하지만 2005년의 화재와 그 복구 과정에서 우리는 화재 이전 고객들에게 사랑받았던 빵들을 새롭게 바라보게 되었습니다. 유행에 뒤처진 튀김소보로를 더 이상 생산하지 말자는 의견도 있었지만 저는 매장 한 켠에라도 두고 싶었습니다. 나의 청춘을 함께한 특별한 빵이었기 때문입니다. 그러기 위해서는 튀김소보로를 더 맛있게 만들기 위한 연구가 필요했고, 노력 끝에 전보다 더 고소하고 바삭한 식감을 낼 수 있었습니다. 게다가 2009년 한 TV 프로그램에 소개되면서 튀김소보로는 다시 사랑받으며 관심을 되찾았고 그야말로 역주행을 하게 되었습니다. 이후 패키지 개발을 통해 선물 세트로 재탄생한 튀김소보로는 대전역 입점을 계기로 전국으로 퍼져갔습니다.

저에게 튀김소보로는 친구 같은 빵입니다. 가업을 잇기로 결심한 후 처음으로 개발한 빵이자, 오늘의 성심당을 있게 해준 고마운 존재입니다. 성심당의 시간이 담긴 튀김소보로를 사랑해 주셔서 감사합니다.

앞으로도 저는 빵을 통해
모든 이가 좋게 여기는 일을
하도록 하겠습니다.

2025년 5월, 튀소 탄생 45주년을 맞이하며...

성심당 대표이사 임영진

튀소 할배의 청년 시절

대학 졸업 후 공군 장교로 복무하던 영진.
낮에는 공군으로, 밤에는 빵집에서...
그 시대의 투잡러!

1981년, 제대 후 본격적으로 가업을 물려받기 시작했다.

목차

튀소 청년, 튀소 할배 되다.

축하해, 튀소	14
땡큐해, 튀소	24
미안해, 튀소	30
공부해, 튀소	36
기대해, 튀소	42
위대해, 튀소	52
사랑해, 튀소	74
함께해, 튀소	88
정리해, 튀소	104

내일, 또 뵙겠습니다!

ep.1
축하해, 튀소

축하해 튀소

1982년 성심당 전경

1980년 5월 20일.

대전 시내 대흥동성당 앞에 위치한 작은 빵집에
사람들이 모여들기 시작했다. 고소한 튀김 냄새가
주택부금을 넣기 위해 주택은행에 온 사람들의 후각을
자극했다. 튀겨지는 빵이 도나쓰인지, 소보로인지,
단팥빵인지 모르겠지만 "그것 참 맛있다!"라는
사람들의 입소문으로 나오자마자 동이 났다.

튀김소보로 탄생기:
소보로 + 도나쓰 + 단팥빵의 만남

장남 임영진은 대학 시절부터 빵집에서 부모님의 일을 도왔다. 대학 졸업 후 낮에는 공군 장교로 근무하고 퇴근 후에는 빵집으로 다시 출근하는 그야말로 투잡러같은 생활을 했다. 1980년 제대 후에는 본격적으로 가업을 이어받아 오용식(당시 공장장)과 함께 새로운 제품 개발에 몰두하며 성심당을 발전시키기 위해 집중했다.

그 시절 대부분의 빵집은 대전역에서 옛 충남도청사에 이르는 신작로 번화가에 자리 잡고 있었다. 반면 성심당은 그 중심에서 조금 벗어난 곳에 있어 사람들의 발길을 끌기에는 불리한 위치였다. 하지만 성심당 바로 옆에는 '주택은행'이 있었다. 아파트 개발 붐이 일면서 내 집 마련을 꿈꾸는 이들이 '주택부금'을 넣기 위해 아침부터 줄을 섰고, 그 사람들은 성심당을 지나야 했다.

갓 구워낸 빵은 자연스럽게 오가는 사람들의 후각과 시각을 사로잡았다.

1980년대 튀김소보로의 가장 오래된 사진

1987년 <내일을 생각하는 충청인> 故임길순 창업주와 임영진

1981년 오용식 공장장(우측 2번째)과 제빵사들

그 시절엔 단팥빵, 소보로, 도나쓰, 바다빵, 맘모스빵... 등 몇 가지 종류의 빵이 전부였다. 임영진 대표는 호기심이 많고 새로운 시도를 즐겼다. '사람들이 좋아하는 소보로에 팥앙금을 넣어 튀기면 어떤 맛이 날까? 고무도 튀기면 맛있다고 하지 않았던가'라는 생각으로 소보로에 팥을 넣어 도나쓰처럼 튀겨보았다. 그러나 기존의 소보로를 그냥 튀기니 기름을 잔뜩 흡수해 느끼해지기만 했다. 수차례의 시도와 고민 끝에 소보로에서 버터와 물엿을 빼고 튀겼을 때, 마침내 상상했던 오도독오도독 바삭한 식감이 살아났다. 일단, 손님들의 반응을 보며 하나씩 고쳐보기로 하고 '도나쓰 소보로'라는 이름으로 판매대에 올렸다.

1980년 5월 20일. 튀김소보로가 탄생했다.

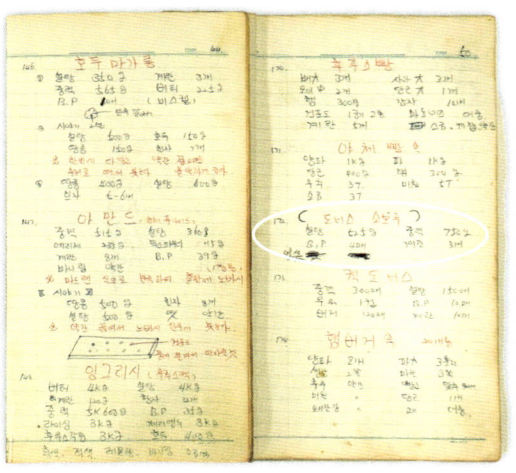

1980년 '도너스 소보로' 레시피 (성심당 박병선 이사 제공)

튀소 장인 '제빵사 박병선'

  1979년 고향인 충북 괴산을 떠나 제빵사의 꿈을 안고 성심당에 들어온 17세 제빵 소년 박병선은 45년간 튀소와 함께한 튀소 장인이다. 정성을 다해 팥을 쑤고, 밀가루를 반죽해 발효시키고, 팥소를 꼼꼼히 넣어 채운 뒤 튀기기 시작한 그 시절. 어린 제빵사 박병선은 어깨너머로 튀소가 만들어지는 과정을 매일 지켜보았다. 아이디어가 풍부했던 임대표와 오용식 공장장은 하루가 멀다 하고 새로운 빵을 개발했지만, 병선의 일은 빵의 속 재료를 만드는 일과 심부름이 전부였다. 물론 속 재료 만드는 일도 중요했지만 그는 빵이 만들고 싶어 자신만의 레시피북에 빵 만드는 법을 하나하나 적어가며 제빵사의 꿈을 키워갔다.

  그러던 중, 후임이 들어오면서 드디어 빵 만드는 일에 투입될 수 있었다. 처음엔 빵 만드는 것이 미숙해 혼나기 일쑤였지만, 열심히 이론을 공부하며 실력을 키웠다. 때마침 성심당이 제과·제빵 자격증을 취득하면 급여를 인상해 주는 제도를 도입하면서 그는 자격증에 도전하며 실력이 날로 향상되었다.

제빵사 박병선은?

1979년	17살 성심당 입사
1988년	서울국제빵과자페스티벌(SIBA) 우승
1997년	성심당 공장장
1999년	독일 바인하임제과학교 연수
2011년	성심당 롯데점 총괄
	제1회 제과의달인 우승
2012년	現 성심당 대전역점 총괄 이사

1992년 〈맛과 멋이 함께〉

"사람이 바로서야 빵도 제맛"

'최고'의 기술자 18년 집념의 세월
요즘 후배들 세태보면 왠지 '씁쓸'

대전/성심당 박병선씨

1997년 4월 30일 〈한겨레 신문〉

제빵사 박병선의 튀소 만들기

항간에는 소보로빵을 우연히 기름에 빠뜨리는 바람에 튀김소보로가 탄생했다는 비화도 있지만 그렇지 않다. 수차례의 시도를 거쳐 소보로와 단팥빵, 도나쓰의 맛을 모두 살리면서도 서로 조화를 이루도록 까다로운 제조 방식으로 개발되었다.

❶

발효가 잘 된 밀가루 반죽을 적당한 크기로 분할합니다.

❷

50g을 똑 떼어서 둥글립니다.
(오차범위 ±0.1g)

❸

팥 50g을 만두소 넣듯이 동그란 밀가루 반죽 속에 쏙 넣어줍니다.

잘 오므려주면 팥이 가운데에 잘 들어가요. 이래야 팥을 골고루 먹을 수 있답니다!

❹

밀가루를 눈이 내리듯 골고루 뿌려 서로 붙지 않게 해주고 발효시킵니다.
뭉치지 않게 고르게 뿌리는 게 포인트

❺ 1차 발효된 동그란 반죽을 꾹 눌러 25g의 소보로 토핑을 묻혀줍니다.

❻ 다시 발효기에 넣어 잘 부풀려 줍니다.

❼ 5분의 기적, 튀소 타임! 부풀린 반죽을 5분 동안 튀기면 새로운 맛으로 변신합니다.

갓 나온 튀소를 드셔보셨나요?
뜨거운 앙금, 쫄깃한 빵, 오도독 씹히는 소보로
달콤하고 고소한 성심당의 맛.

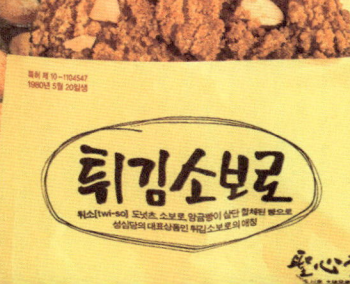

ep.2
땡큐해, 튀소

땡큐해 튀소
튀소 전성시대

성심당은 대전역 앞 초창기부터 김이 모락모락 나는 '방금 만든' 찐빵을 선보이며 손님들의 시선을 사로잡았다. 그 자리에서 직접 빵을 만드는 모습을 보여주는 것은 시각적으로도 후각적으로도 사람들의 관심을 끌었고, 만드는 과정을 보여줌으로써 믿음을 주었다. 사실 좁은 공간에서 특별히 가릴 곳이 없으니 어쩔 수 없이 모든 것이 공개될 수밖에 없는 조건이었지만, 이런 오픈 공간이 주는 신뢰와 방금 만든 빵의 신선함은 결과적으로 효과적인 마케팅 수단이 되었다.

튀소가 탄생한 때는 먹거리에 대한 불신이 높았던 시기였다. 철저한 위생 관리가 미흡했고, 주방에서 찌든 기름을 반복해서 사용하는 것은 그 당시에 흔한 일이었다. 이러한 환경에서 부모님 세대부터 이어져 온 '만드는 과정을 보여주는' 방식은 튀소에도 적용되었다. 매장 안쪽에 있던 튀김기를 고객이 볼 수 있는 창가 쪽으로 옮기고, 벽과 테이블을 깨끗한 흰색 타일과 스테인리스로 마감하여 '즉석도나쓰' 코너를 만들었다.

이러한 오픈 주방 시스템은 당시로서는 혁신적인 마케팅이었고, 현재까지도 성심당은 그 방식을 고수하고 있다.

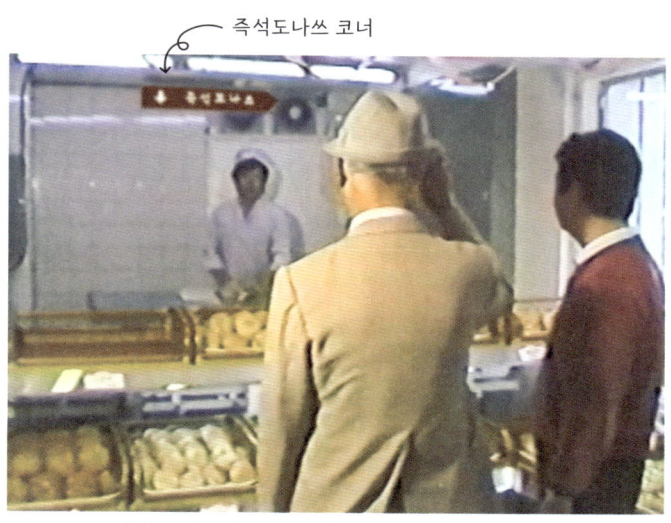

오픈 주방 즉석도나쓰 코너를 둘러보는 故 임길순 창업주와 임영진

사람들은 매장 창문을 통해 깨끗한 기름에 튀겨지는 튀소를 직접 볼 수 있었고, 고소한 냄새는 매장 밖으로 슬금슬금 새어 나가 지나는 사람들의 발길을 끌었다. 뭐랄까 시각과 후각의 공감각적 마케팅이라고나 할까? 사실 튀소는 초콜릿 코팅으로 마무리할 계획이었으나, 초콜릿을 입히기도 전에 갓 튀겨져 나온 따끈한 튀소를 보고 한 손님이 외쳤다. "그거라도 주세요!"

손님들은 방금 나온 튀소를 그냥 달라고 했다. 미완의 튀소였지만 식히기도 전에 팔려나갔다. 겉은 바삭하고 고소한 소보로인데 속은 쫄깃 달콤한 팥앙금의(겉바속촉) 하이브리드 튀소는 단번에 사람들의 사랑을 받았다. 어느새 튀김소보로 앞에는 긴 줄이 생겼고, 먼저 온 손님이 잔뜩 사 가는 바람에 뒷사람의 아우성이 높아졌다. 급한 대로 번호표를 만들어 1인 3개씩만 판매하게 되었는데, 아마도 은행의 번호표보다 먼저 시작된 번호표가 아닐까 하는 생각도 든다.

튀소의 인지도가 점점 높아지면서, 그 당시 개발한 신제품들도 덩달아 주목받으며 성심당은 빠르게 성장했다. 마치 가수가 수많은 곡 중 하나의 히트송으로 오랜 시간 기억되고 사랑받는 것처럼, 우리에게도 그야말로 '히트빵'이 생긴 셈이다. 수많은 제품이 있지만 단 하나의 혁신적 제품이 빵집의 성장을 이끄는 결정적인 역할을 했다.

1986년 대흥동성당 앞 성심당은(50평) 바로 옆 수정다방 건물을 인수하여 매장을 두 배로 확장했다.

성심당 옆 수정다방 (왼쪽)

1987년 확장 오픈, 두 배로 커진 성심당

ep.3
미안해, 튀소

미안해 튀소

새로운 트렌드에 잊혀진 튀소

성심당의 1980-90년대는 그야말로 신제품의 봇물이 터진 혁신의 시기였다. 생크림케이크, 아이스께끼, 포장빙수 등 다양한 먹거리들이 잇따라 등장했다.

전국 두 번째로 생크림케익을 개발하여 고객 앞에서 직접 만드는 '3분 케익'으로 돌풍을 일으켰다. 팥빙수를 양은 냄비에 담아달라는 고객들 덕분에 개발된 '전국 최초 포장빙수'는 3시간 동안 보송한 얼음을 유지하며 '녹지 않는 시원함'을 서울까지 가져갈 수 있는 가히 혁신적인 제품이었다.

3분 생크림 케익   3시간 슈 OK

◀ 1980-90년대 대전일보에 실렸던 다양한 이벤트 광고들

1990년대에 접어들면서 건강에 대한 관심이 높아졌고, 사람들은 기름진 음식보다 더 가볍고 건강한 먹거리를 찾기 시작했다. 또한 1980년대 말 해외여행 자율화와 88올림픽을 계기로 유럽의 다양한 빵을 경험하면서, 빵에 대한 관심도 함께 커졌다. 그동안 우리나라 빵 문화는 '밥'이라는 주식에 더해지는 '달달한 간식'의 개념이었다면, 유럽 빵을 접하면서 보다 담백한 식사용 빵에 관심을 갖게 되었다. 성심당 역시 천연 발효 빵이나 베이글처럼 식사를 대신할 수 있는 제품 개발에 집중했고, 피자와 햄버거 같은 메뉴로도 영역을 넓혀갔다. 이러한 변화 속에서 한때 최고의 인기를 구가하던 튀소는 점점 무대 중심에서 밀려났고, 하루 한판 정도 만드는 것으로 명맥을 이어갔다.

건강하고 담백한 식사빵의 유행
1990년대 담백한 식사빵에 대한 관심이 높아지면서 성심당도 식사 대용 제품 개발에 집중했다.

햄버거와 피자의 등장

식사를 대신하는 제품을 개발하며 피자와 햄버거 같은 메뉴로 영역을 넓혀갔다.

ep.4
공부해, 튀소

공부해 튀소
잿더미 속에서 찾은
성심당의 정체성

    1990년대 대전 지역의 신도시 개발은 시민들의 라이프스타일에 큰 변화를 가져왔다. 대전 인구의 약 38%를 수용할 정도의 대규모 택지 개발 사업으로 둔산 신도시가 형성되었다. 사람들은 주택에서 아파트로 이사를 했고, 아파트 앞에는 대기업 프랜차이즈 빵집들이 들어섰다. 상권은 신도시로 빠르게 옮겨갔고, 구도심은 눈에 띄게 쇠락해 갔다. 성심당이 있는 은행동 일대 역시 예외는 아니었다. 상권 붕괴와 함께 도심 공동화가 시작되어, 성심당을 찾는 사람들의 발길도 눈에 띄게 줄어들었다.

    그러던 중, 설상가상 2005년 1월에는 큰불이 나서 공장이 전소되었다. 창업 50주년을 1년 앞둔 성심당은 그야말로 생사의 기로에 섰다.

성심당의 화재 현장 〈중도일보〉

2005년 1월 20일 멈춰버린 공장의 시간

우리 모두는 화재를 끝이 아닌 새로운 시작의 전환점으로 삼고 성심당의 정체성을 다시 정립하기 시작했다. 목표는 분명했다. 남녀노소, 부자와 가난한 이, 고객 그리고 협력업체와 직원, 경영주까지... 모두를 위한 빵집이 되는 것.

2005년 화재 이후 새로운 매장의 모습

모두를 위한 빵집이란...

가난한 이가 들어와 주눅 들지 않고, 부자가 와도 초라하지 않은 빵집, 위로가 되는 빵집, 따뜻함이 담긴 가정과 같은 빵집이었다.

그렇다면 '**성심당다운 빵**'이란 무엇일까?

화려하지 않지만 뚝심 있는 빵. 한국인이라면 많은 사람이 좋아할 단팥의 달콤함, 오도독 씹히는 바삭함 그리고 고소하게 튀긴 도나쓰의 맛을 삼단 합체로 담은 - 1980년대 성심당을 우뚝 세운 '전설의 튀김소보로'였다. 튀소는 성심당 재건을 위한 심폐소생술 같았다. 소보로는 더 오도독오도독 바삭하게, 직접 쑨 통단팥은 달콤하고 더 탱탱하게, 먹고 또 먹어보고, 고치고 또 고치며 튀소에 대한 연구와 개발은 멈추지 않았다.

2005년 7월 24일 재오픈한 성심당

ep.5
기대해, 튀소

기대해 튀소

다시 돌아온 전설: 튀소, TV에 나오다

2009년 12월 24일 KBS '무한지대 큐' 방송화면

"소보로는 먹으면 뻑뻑한데
튀김소보로는 안에 팥이 들어 있어서
안 뻑뻑하고 맛있어요."

이보다 더 정확한 표현이 있을까? 2009년 12월 24일 KBS '무한지대 큐'에 등장한 한 학생의 덤덤하지만 정확한 한마디가 '잊혀진 튀소'를 다시 소환했다. 매장 한편에 조용히 놓여 있던 튀소는 채워놓기가 바쁘게 동이 났다. 젊은 시절 튀소를 즐기던 어른들부터 처음 먹어보는 아이들까지 세대불문 튀소 앞에 많은 사람들이 몰려들기 시작했다.

문제는 생김새였다.

튀소의 겉모양은 소보로 같기도 하고, 고로케 같기도 해서, 손님들이 한눈에 알아보기 어려웠다. 매장 인테리어와 홍보를 맡고 있던 김미진 이사는 튀소를 '튀게' 만들고 싶었다.

비슷비슷한 빵들 사이에서 튀소가 단연 주인공으로 돋보이길 바랐다. 이런저런 시도 중, 외국 출장길에서 들른 한 도넛 가게의 포장 방식이 눈에 들어왔다. 그 아이디어에 착안해 **"오케이, 튀소에 옷을 입히자"**라는 생각이 번뜩 떠올랐고, 돌아오자마자 바로 실행에 옮겼다. 옷을 입은 튀소는 수많은 빵들 사이에서 확실히 눈에 띄었다. 뿐만 아니라 튀소 옷은 빵을 보호해 주고 손에 기름도 덜 묻게 해주는 일석삼조의 효과를 냈다.

튀소의 첫번째 옷

대전 사람들은 지역 특산물이 많지 않아 타지에 있는 지인들에게 성심당 빵을 선물하는 경우가 잦다.

　여기에 착안해 튀김소보로 선물 세트가 탄생했다. 가격은 만 원을 넘지 않도록 해서, 주는 이도 받는 이도 부담 없이 즐길 수 있도록 했다. 박스에 담긴 튀소는 어느새 대전을 대표하는 특산품이 되었고, 한두 개씩 사던 튀소가 박스 단위로 판매되면서 성심당의 매출도 껑충 뛰었다. 더 맛있어진 레시피에 TV방송 출연까지… 노란 옷을 입은 튀소는 그렇게 20년 만에 다시 성심당의 효자상품이 되었다. 빵 종류가 몇 개 되지 않았던 1980년대와 달리, 100여 종이 넘는 다양한 빵이 만들어지는 2000년대에 다시 대표 자리를 되찾은 것은 성심당에게 특별한 의미였다. 왕년의 스타로 조용히 잊혀가던 튀김소보로의 화려한 귀환 - 그야말로 왕의 귀환이었다.

2012년 튀소가 담긴 첫 번째 튀소 선물 상자

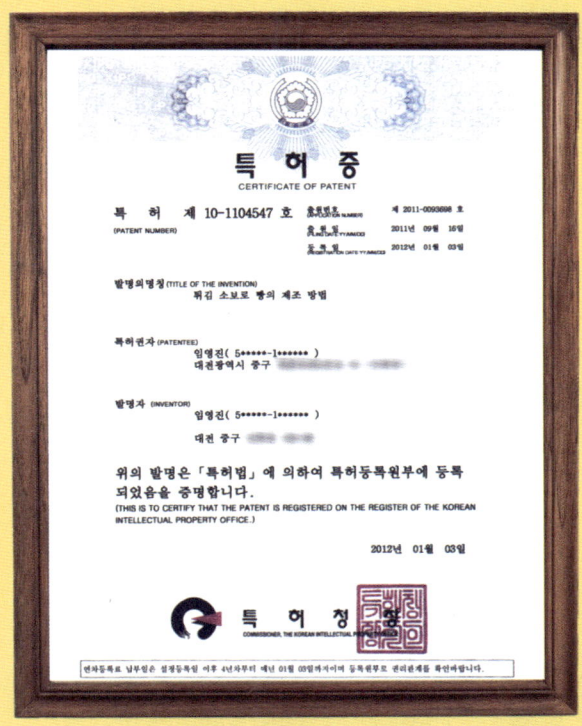

2011년 튀김소보로 특허증 (특허 제 10-1104547호)
위 특허증은 독점하기 위한 특허가 아닌
튀소를 보호하기 위한 특허였다.

때마침 2011년 롯데백화점 대전점과 이듬해인 2012년 대전역 입점 제안이 들어왔다.

이는 튀소 열풍의 또 다른 시작점이 되었다.

빵마담의 빵케팅

성심당 김미진 이사

브랜딩, 홍보기획, 디자인, 빵 작명, 매장 인테리어, 기타 등등…기타 등등.
빵 만드는 일 빼고 모든 것을 다 하는 '성심당의 팔방미진.'

#전설의빵장수 #취미는고객감동 #특기는빵작명
#365일공사중 #사방팔방미진한미진 #진격의작은거인

#미진은 영진을 만나기 전 튀소를 먼저 만났다.

내가 처음 튀소를 만난 것은 대학교 4학년 때였어요.
임영진 대표를 만나기도 전이었지요. 어느 날 친구가 사 온 빵 하나를
먹고 깜짝 놀랐어요. 그동안 내가 먹던 빵들과 다른 맛이었거든요.

"이거 어디 빵이야?"

"성심당."

"성심당?"

나와 튀소의 첫 만남이었죠.

오토바이 타고 출근하는 미진과 영진

미진과 영진의 신혼 시절

2006년 창립 50주년

#튀소가 옷을 입었을 때...

내가 그의 이름을 불러주었을 때,
그는 나에게로 와서
꽃이 되었다.

- 김춘수의 시 '꽃' 중에서

내가 튀소에게 옷을 입혀주었을 때,
튀소는 나에게로 와서
친구가 되었다.

- 김미진의 읊조림 '튀소' 중에서

매장에 진열되어 있는 수많은 갈색 빵들 사이에서 튀소는 단지 하나의 빵이었습니다. 우리를 여기까지 오게 해준 튀소인데... 그동안 무심했다는 생각이 들었습니다. 그러던 중, 일본 출장길에서 본 도너츠 가게의 포장. 바로 이거다 싶었습니다.

"튀소에 옷을 입혀주자. 그리고 튀소가 선물이 되게 하자!"
저는 돌아오자마자 튀소에 옷을 입히고 선물상자를 만들었어요.

#튀소 상자의 여정

혼자 먹던 튀소가 2012년 첫 튀소 상자를 통해 누군가의 선물이 되었습니다. 소박한 종이 포장으로 때론 재미있게, 때론 담백하게 메시지를 담아 옷을 갈아입었습니다.

2012년 첫 튀소 상자

2015년 튀소 35주년

2019년 대전 빵문의 해

2020년 튀소 40주년

2023년 대전엑스포 30주년

2025년 튀소 45주년

#빵톤컬러! 튀소옐로우

처음엔 흰옷을 입고 있던 튀소. 바삭하고 오도독한 식감을 시각적으로 표현하고 싶어 노란 옷으로 갈아입혔습니다. 이제 그 노란색은 튀소를 상징하는 빵톤컬러가 되었어요. 우리는 '튀소옐로우'라 부릅니다. 붓펜으로 쓱쓱 쓴 튀김소보로 글씨는 자연스레 '튀소체'가 되었습니다.

튀소 YELLOW PANTONE 120 U

빵마담의 튀소체

튀소 하나로 쌓인 우리들의 이야기

ep.6
위대해, 튀소

위대해 튀소
네버엔딩, 튀소 스토리!
한 개의 빵이 이렇게나 많은 영감을 줄 수 있을까?

    2012년 대전역 입점은 성심당 역사에 한 획을 그었다. 1956년 대전역 앞 천막 찐빵집에서 시작한 성심당이 반세기가 넘는 세월을 지나 마침내 대전을 대표하는 빵집으로 대전역에 입점하게 된 것이다. 다시 고향으로 돌아온 듯한 감격이었다.

    '누가 아침 7시에 기름에 튀긴 튀소를 먹을까?' 일찌감치 타지로 떠나는 사람들을 위해 아침 식사 대용으로 따끈한 수프와 빵을 곁들인 모닝세트를 준비했다. 그런데... 문을 열자마자 손님들은 다른 빵을 지나쳐 곧장 튀소 앞으로 직진했다. 전혀 예상치 못한 광경이었다.

    수프를 꺼내놓을 틈도 없이 튀소를 만들기 바빴다. 그날 이후 튀소는 KTX를 타고 전국 방방곡곡으로 달려갔다. 튀소는 대전을 대표하는 특산품으로 우뚝 서더니 순식간에 전 국민의 간식이 되었다.

#기차는 놓쳐도 튀소는 포기 못해_대전역 성심당_튀김소보로
#대전역환승_KTX_대전프로출장러

#잠자다가 튀소냄새 맡고 일어남_튀소알람_대전역이구나
#튀소봉투 탑승_스멜스멜

위대해 튀소
튀소의 외출

 2013년 튀소는 잠시 서울과 부산으로 외출을 한다. 2011년 롯데백화점 대전점에 성심당이 입점한 뒤, 롯데백화점은 이듬해 서울 소공동 본점에서 열리는 'No.1 베이커리 초대전' 팝업스토어 참여를 제안해 왔다. 일주일간의 팝업스토어를 위해 우리는 재료와 오븐, 튀김기까지 모두 짊어지고 정예멤버 30명을 꾸려 서울로 향했다. 하룻밤 사이 뚝딱 빵집을 열어야 하는 상황은 결코 쉽지 않았지만, 직원들과 협력업체의 합심이 빛을 발한 시간이었다. 시골 쥐의 서울 나들이.

 과연 서울에서도 성심당이 통할까?

드디어 개점 10시. 두구 두구 두구 두구…

통했다. 문을 열자마자 사람들이 몰려들었고 직원들은 화장실 갈 틈도 없이 빵을 굽고, 포장하고, 계산하느라 정신이 없었다. 사람들이 너무 많아지자 몇몇 손님들은 "차라리 대전에 가서 사는 게 낫겠다."며 서울역으로 발길을 돌리기도 했다. 인천, 원주 등 근교 도시에서도 튀소를 사기 위해 왔다. 긴 줄 탓에 어쩔 수 없이 1인 3개로 구매 수량을 제한할 수밖에 없었다. 지인들의 부탁을 잔뜩 받고 온 손님들은 "이걸로는 택도 없다."라며 허탈해했지만, 달리 방법이 없어 안타까울 뿐이었다. 이런 풍경은 순식간에 SNS를 타고 전국으로 퍼져나갔고, 그 열기는 부산 롯데 팝업스토어까지 이어졌다. 이렇게 전국적인 스타가 된 튀소에게 유명 백화점들의 러브콜이 쏟아졌지만, 결국 우리는 '대전에 와야만 맛볼 수 있는 튀소'로 남기로 했다. 10일간의 롯데백화점 팝업스토어는 우리들에게 큰 자부심과 동료애를 넘은 전우애(?)를 느끼게 해준 특별한 경험이었다.

2013년 1월 서울 소공동 롯데백화점 본점 <No.1 베이커리 초대전>
기대감과 긴장감이 섞인 쉐프들의 비장한 모습

작전명 – 부산 갈매기
2013년 10월 롯데백화점 부산 본점 <No.1 베이커리 앵콜 초대전>

다시없을 줄 알았던 튀소의 나들이.

하지만 6년 후 2019년, 성심당은 또 한 번 서울로 특별한 외출을 한다. 이번에는 빵만이 아닌 코엑스의 특별한 문화 행사였다. 2016년 창업 60주년을 맞아 발간한 책 「우리가 사랑한 빵집, 성심당」을 눈여겨 본 대한 출판문화 협회의 초대로 '책 내는 빵집 성심당'이라는 타이틀을 가지고 2019년 <서울국제도서전 SIBF>에 참가하게 되었다.

책과 빵이 만나는 성심당 책빵 - 책이 주인공인 자리였지만 성심당 부스에는 책보다 빵이었다. 튀소의 인기와 함께 성심당이 그동안 펴낸 책들을 함께 선보이며 빵이 문화가 되는 시간이었다. 도서전에 진동하는 고소한 빵 냄새. 누군가는 서울국제도서전을 '국제튀소전'이라 부를 만큼 튀소의 열기는 뜨거웠다. 그렇게 5일간의 서울 나들이를 마치고 대전으로 돌아왔다.

다시 돌아온 자리에서 문득 생각했다.
'책도, 빵도, 결국은 사람에게 닿기 위한 것.'이라고...

2019 서울국제도서전 (SIBF) - 책내는빵집 성심당

위대해 튀소

위대해 튀소

튀소 형제들 - 튀소구마, 초코튀소
2015년, 오랫동안 외동이었던 튀소에게 형제가 생겼다.

농가와의 계약재배로 수확된 고구마가 유난히 풍작이던 그해. 남은 고구마를 어떻게 활용할까 고민하던 끝에 사내 고구마 레시피 공모전을 열었고, 이때 김종진 제빵사가 고구마 앙금을 넣어 개발한 '튀소구마'가 탄생했다. 비록 수상작은 아니었지만, 튀소의 바삭함에 고구마의 달콤함이 더해진 튀소구마는 고구마를 좋아하는 이들의 입맛을 사로잡았고, 어느새 성심당엔 '튀소파'와 '구마파'가 생겨났다.

2020년 어느덧 빵할머니가 된 빵새댁 김미진은 손주에게 튀소를 간식으로 내주었다. 그러나 손주의 반응은 뜻밖이었다.

"튀소 안 먹을래요. 초콜릿이 들어갔다면 모를까…"

"아하! 초콜릿이 있었군"

아이들이 팥을 그다지 좋아하지 않는다는 것은 알고 있었지만 초콜릿이라는 발상은 미처 떠올리지 못했던 터에 손주의 한마디는 곧장 초코튀소 개발로 이어졌다. 거듭된 테스트 끝에 드디어 '초코튀소'가 세상에 나왔다. 사실 1980년 튀소 초창기에 초콜릿 코팅을 시도하려 했지만 폭발적 인기로 미처 코팅하지 못했는데, 그 숙제가 드디어 40년 만에야 완성된 것이다. 마침내 튀소는 **'미생 튀소'**에서 **'완생 튀소'**가 되었다.

1980년생
튀김소보로

2015년생
튀소구마

2020년생
초코튀소

위대해 튀소

성심당 MZ 쉐프의 MZ 튀소

튀소를 가장 많이 먹은 MZ 쉐프들이 만든 새로운 튀소.

그들은 조금씩 튀소를 바꿔보기 시작했다. 기존의 맛을 존중하면서 새로운 세대의 취향을 넣어 탄생한 MZ 튀소들.

팥과 크림의 **크리미 튀소**

딸기 시즌엔 상큼한 **딸기 튀소**

좀 크다 싶을 땐 **미니초코튀소**

기름에 튀기지 않은 **안튀김소보로**

못먹는 튀소
누가 튀소를 먹기만 하나?
튀소굿즈 - 성심당문화원 메아리 상점

 우리의 사랑을 듬뿍 받은 튀소를 늘 곁에 두고 싶다면, 튀소굿즈를 만나보길... 튀소비누, 튀소수세미, 튀소그립톡, 튀소키링, 튀소마그넷, 튀소티셔츠에 튀소갤럭시버즈케이스까지! 누가 튀소를 먹기만 하는가?

 이제는 입고, 쓰고, 듣고 즐기는 튀소의 시대.

튀소비누

튀소 굿즈의 선두주자 – 지구를 생각한 자연순환 튀소비누.
튀김소보로를 튀기고 남은 폐유를 업사이클링 하여 만든 비누.
정제된 콩기름과 천연재료를 1000시간 동안 숙성하여 만든 자연순환 비누다.
출시 당시 미니 튀소처럼 작은 튀소 모양으로 나왔지만, 너~무 튀소와 비슷해
식품으로 착각할 수 있어 아쉽지만 '마음 심心'이 찍힌 네모 비누로 바뀌었다.

못먹는 튀소

클래식 튀소

튀소키링 튀소수세미 튀소마그넷 튀소그립톡

튀소 티셔츠

튀소팡팡 포켓 티셔츠 튀소 45주년 기념 티셔츠

튀소 버즈케이스

2024년, 삼성전자와의 콜라보로 탄생한 버즈케이스.
튀소 뚜껑을 열면 버즈가 짠~

튀소 삼총사

튀소 삼총사 키링

튀소   꾸마   쪼꼬

튀소 삼총사 엽서

튀소 삼총사 스티커

위대해 튀소

다음 정거장은 튀소정거장입니다.
우리는 튀소만 팔아요.

of the 튀소, by the 튀소, for the 튀소

   2024년 드디어 튀소 만을 위한 튀소정거장이 문을 열었다. 묻지도 따지지도 않고 오직 튀소 만을 위해 오시는 분들, '튀소러버'를 위한 전용 정거장이다.

2024년 9월 DCC 튀소전문점 – 튀소정거장 오픈

2025년 10월 롯데백화점 대전점 - 튀소정거장 오픈

ep.7
사랑해, 튀소

사랑해 튀소

사랑하면 보고 싶고, 사랑하면 부르고 싶다.

부르는 튀소 '튀소쏭'

튀소쏭은 맛있게, 즐겁게, 누구나 따라 부를 수 있는 튀소 사랑 노래다.

튀소쏭

튀소러버! 자유로운 영혼의 작곡가 '아홉칸'

아홉칸(김학성)은 튀소쏭은 물론 케익부띠끄쏭, 빵행진곡, 빙수쏭과 빵글쏭, 그리고 성심당 사가인 성심의 노래를 작곡한 성심당 전담 뮤지션이다.

튀소쏭은 겨울왕국 주제곡에서 영감을 받았다. 가족이 함께 튀소를 먹으며 웃고 떠드는 그 순간을 가사에 담았다. 직접 튀소를 먹으며 만든 노래답게, 맛과 식감을 생생히 표현했다. 튀소 옷에 인쇄된 악보를 따라 각자 나름의 스타일로 노래를 부르고, 이를 SNS에 올리는 튀소 찐팬들도 적지 않다.

에펠탑 아래
소고와 함께 버스킹 중

작곡가 '아홉칸'
@ahobkan

찍는 튀소

튀소는 포토존으로도 인기가 높다.

자이언트 튀소 속에 쏙 들어가면 내가 바로 튀소!

진격의 튀소!
2015년 튀소 탄생 35주년

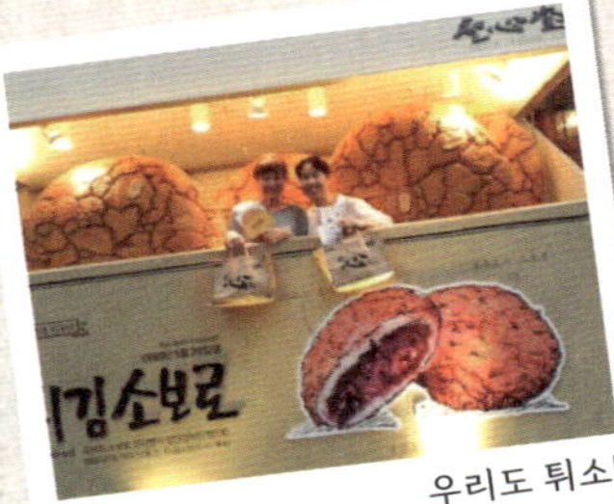

우리도 튀소!
2015년 5월 20일

튀소 이동 중…

자이언트 튀소
지름 115cm

성심당 창업 60주년을 감사합니다.

성심당 60주년 기념 전시회

옛 근대 건축물 도지사 공관에서
성심당 60년의 산책을 함께..

- 일시 : 2016년 10월 19일 ~ 11월 13일
- 장소 : 옛 충청남도지사 공관
  (월요일은 휴관입니다.)

주최 | 로쏘(주) 성심당 문의 : (042) 220-4163 관람예약 design@sungsimdang.co.kr www.sungsimdang.co.kr

기획 | 聖心堂 Urbanplay 롬부 새그리다, 빛나 자문 | 대전근대아카이브즈포럼

 대전과 함께한 60년, 감사드립니다
나의 도시, 나의 성심당

성심당 창업 60주년 기념 전시회에 초대합니다.
옛 충청남도지사 공관으로 오세요!

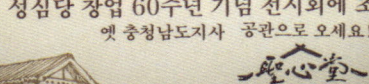

- 일시 : 2016년 10월 19일 ~ 11월 13일
- 장소 : 옛 충청남도지사 공관

튀소의 생일잔치

튀소가 35살이 되던 해부터 우리는 튀소의 생일을 챙기기 시작했다. 튀소 35주년 기념 **튀소구마**가, 40주년 기념 **초코튀소**가 탄생하기도 했다. 튀소 생일을 기념해 튀소 동상이 세워졌고, 고객들과도 이벤트를 하였다.

튀소 35주년 - 나의 사랑, 나의 튀소

2015년 튀소 35주년을 기념하여 튀김소보로 동상을 제작했고, 그 동상은 지금도 본점 매장 앞에서 10년째 자리를 지키며 묵묵히 튀소의 시간을 함께하고 있다.

튀소 35주년 기념 - 튀소를 빚다. 김경란 作

2015년

튀소 35주년을 맞아 매장 앞에서는 튀김소보로 오행시를 짓는 작은 이벤트가 열렸다. 하교하던 학생들부터 지나가던 연인, 이웃들까지 가볍고 즐겁게 참여하고 따뜻한 튀소를 나눴다.

2015년 5월
前 대전역장 강병규 作

튀소 40주년 - 튀소 청년, 튀소 할배되다.

혈기왕성한 20대 튀소 청년 (임영진 대표)은 어느덧 70을 바라보는 튀소 할배가 되었고, 그의 손끝에서 태어난 튀소도 불혹의 나이를 맞았다.

성심당은 1992년부터 매년 연말이면 고객에게 달력을 선물해 왔다. 2020년에는 '튀소 특집'으로 제작하여 매달 그림마다 튀소와 관련된 에피소드와 추억을 담았고, 한 장씩 넘길 때마다 소소한 즐거움을 선물하고자 했다.

2020년 튀소 40주년 기념 – 튀소 특집 달력. 구예모 作

튀소 45주년 - 땡큐해, 튀소

   2025년 튀소가 마흔다섯 살이 되었다. 이제 제법 나이를 먹은 튀김소보로지만, 생일만큼은 여전히 귀엽게 챙겼다. 머리 위에 45 숫자 초를 꽂고 대대적인 생일파티를 열었다.

   45주년을 기념해 '튀소 삼총사' 캐릭터도 새롭게 등장했고, 직원들은 튀소 티셔츠를 입고 고객들을 맞이했다. 마흔다섯 살의 튀소는 여전히 많은 사람들의 사랑을 받고 있다.

튀소 삼총사

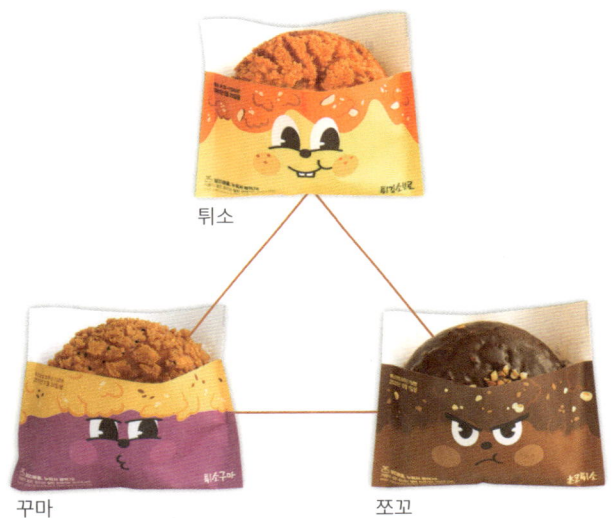

튀소

꾸마 쪼꼬

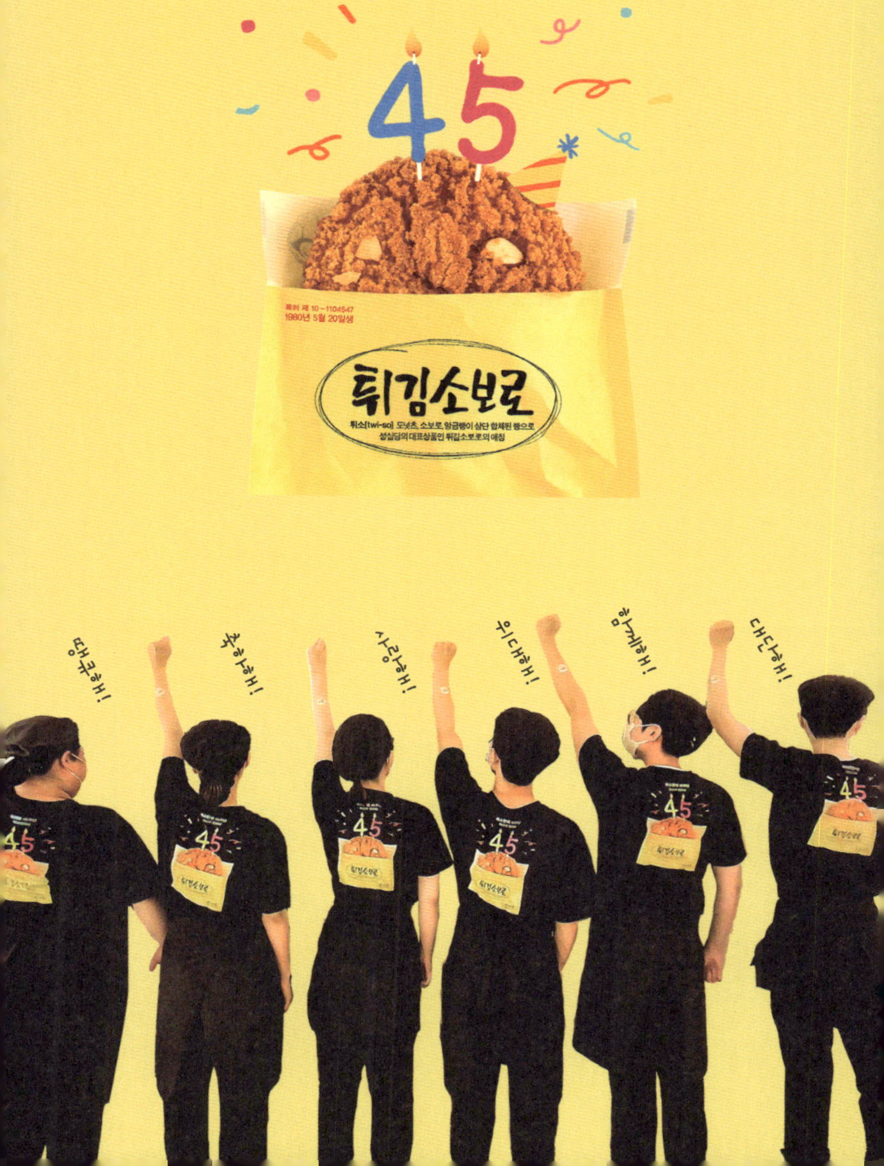

ep.8
함께해, 튀소

함께해 튀소

동화책이 된 튀소
빵 더하기 빵 더하기 빵빵빵!

튀소는 다양한 맛이 어우러진 빵이다. 다름을 받아들이고 조화를 이루는 메시지가 자연스레 느껴진다. 이런 튀소의 철학에서 영감을 받아, 어린이들에게 화합과 공존의 가치를 전하는 동화책 「빵 더하기 빵 더하기 빵빵빵!」이 탄생했다.

빵 굽는 냄새로 가득한 빵빵 마을에 새로운 빵을 만드는 성심이, 고소한 소보로빵을 굽는 울퉁이, 팥이 든 단팥빵을 만드는 앙금냥, 도넛을 튀기는 링링이가 자신의 빵이 제일 맛있다고 고집을 피우다가 다친 동네 아저씨를 돕고 마을의 변화를 위해 서로 화합하여 새로운 빵을 만든다는 이야기.

임정진 글, 신민재 그림
2019, 이유출판

함께해 튀소
튀소 에피소드 공모전

2020년 튀소 40주년을 맞이해

튀소와의 추억을 담은 경험담을 공모했다.

74건의 출품작 중 대상을 소개해 본다.

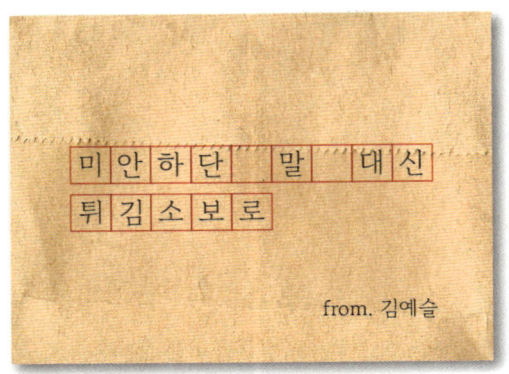

미안하단 말 대신 튀김소보로

김예슬

뜨거운 태양 아래 땀나게 운동했던 고등학교 2학년 체육대회 날, 따뜻하고 기름진 튀김소보로와는 조금 어울리지 않는 그날이 내가 처음 튀김소보로를 먹은 날이었다. 나는 신혼여행으로 자리를 비운 담임선생님을 대신해 반장으로서 학급을 인솔해야 했고, 덕분에 정신없이 하루가 흘러 드디어 오후 3시, 체육대회의 꽃 - 간식시간이 찾아왔다.

교무실에서 간식이 담긴 상자를 받았을 때, 아침에 아빠가 나에게 했던 말이 떠올랐다.
"딸, 이번 체육대회 간식 아빠가 골랐어, 기대해!"
당시 학부모 위원장이었던 아빠는 짧게 인사만 주고받던 평소와 달리 들뜬 목소리로 출근하셨다. '으레 체육대회 간식으로 햄버거나 토스트를 하니까, 그중 하나겠지' 하며 상자를 들고 반으로 갔다.

간식을 보고 들뜬 친구들과 함께 호들갑을 떨며 상자를 열었을 때, 나는 조금 당황했다. '튀김소보로랑 콜라?' 클래식에서 벗어난 메뉴에 나는 눈치를 보기 시작했다. 햄버거나 토스트를 먹고 싶었던 것은 아니지만, 따뜻하고 달콤한 빵은 운동한 몸을 더 덥게 만드는 것 같았기 때문이다.

체육대회 간식의 국룰에서 벗어난 새로운 타입의 간식을 보고 아쉬워하는 친구들도 몇 있었지만 하루 종일 뛰어다녀서인지 아니면 다 같이 나눠먹는 재미 때문인지 대부분 웃고 떠들며 맛있게 빵을 먹었다.

친구들에게 간식을 나눠주고 내 것을 챙겨 들었다. 빵을 바라보는데 계속 아빠 생각이 났다.

고등학교에 들어오기 전, 나는 아빠와 크게 다퉜다.
직접적인 원인은 나의 방황이었지만, 그 다툼 속엔 어릴 적부터 아빠를 유독 무서워하고 어려워했던 마음과, 늘 일로 바쁜 아빠와 친하지 않은 부녀관계에 대한 서운함이 담겨있었다. 늘 거대하고 무서운 존재였던 아빠였기에 며칠간의 다툼은 내게 커다란 상처를 안겨줬고 이후 아빠를 거부하기 시작했다. 안 그래도 가깝지 않은 부녀관계가 더 멀어지자 아빠는 다양한 방법으로 나를 회유했지만 "미안하다."라는 말이 아닌 다른 방식의 사과는 받고 싶지 않았다.

손에 쥔 따뜻한 튀김소보로를 한 입 먹으니, 달고 기름진 맛에 괜히 목이 막히는 듯했다. 아니 사실은 빵이 아빠의 메시지라는 걸 직감적으로 알았기에 목이 턱턱 막혔다. 차마 빵을 다 먹을 수가 없었다. 다 먹으면 빵에 담긴 아빠의 사과를 받아주는 것 같았기 때문이다. 나는 무언가로 전달받는 것이 아닌 진짜 사과를 듣고 싶었다.

반쯤 남은 빵을 가방에 넣고 집으로 돌아왔다.

그날 밤 어김없이 저녁 11시가 넘어 들어온 아빠는 평소처럼 인사만 하고 방으로 들어가는 나를 부르며 체육대회 간식에 대해 물었다.

"빵 먹었어? 어때 맛있지? 아빠가 먹어봤는데 맛있더라고. 그래서 이걸로 간식하자고 건의했지. 친구들이 좋아하던?"

빵을 남겨온 나는 이 질문에 뻔뻔하게 웃으며 대답할 수 없었다.

"으응... 다들 맛있게 먹더라, 좋아하더라고."

애꿎은 냉장고 문을 여닫으며 대답을 흐린 뒤 방으로 들어가 버렸다. 미안하다는 말 대신 간식으로 사과를 건네는 아빠의 딸답게 시원하게 사과를 받지도 그렇다고 제대로 된 사과를 요구하지도 못하는 나였다.

책상에 올려둔 남은 빵을 보니 마음이 무거워졌다. 분명 아빠는 튀김소보로를 먹었을 때 내 생각을 했을 것이다. 반장한다고 열심인 딸을 응원하고 싶었을 것이고, 체육 하느라 지친 딸이 빵을 먹고 힘내길 바랐을 것이다. 또 친구들 앞에서 센스 있는 간식을 준비했다며 으스대길 바랐을 것이다. 그리고 무엇보다 자꾸만 자신을 피하는 딸에게 손 내밀고 싶었을 것이다. 이 빵을 먹으면서 아빠는 빵보다 나로 가득했을 것이다. 그걸 알면서도 아빠를 애써 밀어내는 자신이 비겁했지만 그 손을 잡을 용기가 나지 않아 더욱 답답한 밤이었다.

아빠는 튀김소보로를 시작으로 다양한 방법으로 관계 개선을 시도했다. 외식을 하자고 불러 딸에게 선택권을 주면 딸은 "아무거나."를 외쳤다. 야밤에 치킨을 시켜 먹자면 딸은 살찐다며 방에 들어가 버렸다. 또, 같이 영화를 보러 가자고 하면 딸은 친구들과 선약이 있다며 나가버렸다. 이런 방식의 회유가 먹히지 않는다는 걸 깨달은 아빠는 마침내 장문의 문자로 사과를 건넸다.

'아빠가 미안하다고, 딸의 이야기도 안 듣고 화만 내서 미안하다고...'

학교에서 아빠의 문자를 보고 엉엉 울었다. 울면서 문자를 읽고 또 읽었다. 솔직해질 용기가 부족했던 부녀는 아빠의 용기로 몇 년간 냉전을 끝낼 수 있었다.

이제는 시원한 흰 우유 한 잔이면 튀김소보로 한 개를 뚝딱 해치울 정도로 튀김소보로를 좋아한다. 오히려 아빠는 부추빵을 더 좋아하신다. 튀김소보로를 먹을 때면 그 체육대회 날이 생각난다. 그날 빵에 담긴 아빠의 사과를 받아들였다면 남김없이 맛있게 먹었을 텐데, 그랬다면 나의 첫 튀김소보로는 부담과 외면으로 목 막히는 빵이 아닌, 딸을 사랑하는 아빠의 마음이 담긴 달콤한 빵이었을 텐데 말이다.

튀김소보로에 대한 글을 쓰니 달콤하고 따뜻한 튀김소보로가 먹고 싶어진다.

그리고 딸을 위해 무뚝뚝하고 가부장적인 당신을 바꿔나간 노력파 사랑꾼, 우리 아빠가 보고 싶다.

여고시절 체육대회:
친구들과 찍은 사진 찰칵! 모자를 쓴 사람이 저예요.

튀소 사생대회

튀소 탄생 40주년에 튀소 사생대회를 열었다. 만화 속 튀소, 귀여운 튀소, 때론 얄미운 튀소까지... 손님들의 손끝에서 다시 태어난 다양한 튀소들. 하나같이 정말 사랑스러웠다.

튀소 굿즈 공모전

    2024년 튀소정거장 오픈을 기념해 튀소 굿즈 공모전이 열렸다. 빵으로 사랑받는 튀소를 늘 곁에 두고 싶은 마음이 모여 키링, 컵, 도시락통, 슬리퍼, 담요, 트럼프 카드 등 보글보글 귀여운 캐릭터 아이디어까지 총 579건의 굿즈 아이디어가 접수되었다. 심사숙고 끝에 14명의 수상작이 선정되었고, 2025년 튀소 탄생 45주년을 맞아 대상작의 캐릭터를 발굴해 친구 같은 캐릭터 '튀소 삼총사'가 세상에 나왔다.

2024년 튀소 굿즈 공모전 대상 - 양보배 作

튀소 삼총사

내 이름은 **튀소**
튀소 삼총사의 리더!
늘 해맑은 웃음으로
친구들 사이에서 빠질 수 없는
분위기 메이커랍니다.

내 이름은 **꾸마**
여유롭게 놀고만 싶은 꾸마!
꾸미는 걸 좋아하고
가끔 자아도취에 빠지지만
매력덩어리.

내 이름은 **쪼꼬**
항상 뾰로통한 표정이지만
사실 배려심이 깊은
겉바속촉 츤데레 친구예요.

튀소톡톡

오도독오도독 튀소를 먹는 소리만큼 튀소를 말하는 수다가 그때도, 지금도 넘실댄다.

오도독오도독, 튀소톡톡!

박스 덮개를 잠시 열었을 뿐인데
튀김소보로의 알흠다운 자태와
향긋한 내음에
정신줄을 놔버릴꺼 같아요!
- blog.naver.com/09clean09

하나씩 낱개로 포장.
노란 봉지가 귀엽다 ㅋ
너가 튀김소보로구나
만나고 싶었어 얘...
- blog.naver.com/pmj912500

인파를 뚫고 득템한 보람이 있다규
- blog.naver.com/spiriti/220323396578

나 은근 성심당 가는 재미에 시댁가는 거 즐겨 ㅋㅋ..
- blog.naver.com/sea212/220296691537

나에게 튀소는 ..

나에게 튀소는 썸남이다. 첫사랑이다. 대전이다.
소화제이다. 상견례이다. 엄마다. 나무그늘이다.
구운몽이다. 인연의 끈이다. 고향이다. 짝사랑이다.
우유짝꿍이다. 명품빵이다. 선물이다. 진정성이다.
- 튀소 35주년 기념 '나에게 튀소는 OOO이다' 수상작

2015년 블로그 속 튀소 톡톡

2024년 튀소정거장 오픈 기념 튀소 N행시 공모전

튀는 거 하나 없던 대전역 앞 허름한 천막에서 시작한
김이 모락모락 나는 찐빵을 만들던 시절
소중한 사람들을 위해
보람차게 만들어갔던 그때의 사랑과
로(노)력들은, 지금의 성심당을 만들어냈습니다.

- 튀소N행시 대상 수상작

튀겨 나온 빵 속엔
김이 모락모락, 따뜻함이 가득해요.
소보로의 달콤한 향기가
보기만 해도 군침 돌게 해주고
로맨틱한 한 입으로 행복을 전해줘요!

- 튀소N행시 2등 수상작

튀겼을 뿐인데
소문남

———————

튀겨진 건 내 마음일까
소보로 너일까

———————

튀길테면 얼마든지 튀겨봐라!
소오름 돋는 맛을 보여주마

- 튀소N행시 2등 수상작

튀긴거 중에 제일 맛있는거 알려줘
소개할게 성심당 튀김소보로

튀김소보로는
소리부터 기막혀

튀는 놈 위에
소보로 쓸어담은 나 있다

- 튀소N행시 3등 수상작

튀라노
소우르스

- 튀소N행시 2등 수상작

ep.9
정리해, 튀소

정리해 튀소

튀소!
안 먹어본 사람은 있어도, 한 번만 먹은 사람은 없다.
한 가수의 히트송이 세월이 흘러도 우리 마음에 남아있듯이
성심당의 히트빵인 튀소 역시 45년간 사랑을 받아 온
'우리들의 빵'입니다.

오랜 세월 사랑받을 수 있었던 '튀소 비결 네 가지'를 다시 한번
정리해 보겠습니다.

맛

달콤 바삭 고소 ... ASMR

한국인이 좋아하는 세 가지 맛

달콤

·

바삭

·

고소

달콤한 팥, 바삭한 소보로, 그리고 고소한 도넛을

한 번에 튀긴 하이브리드!

'오도독오도독' 내 귀에 울리는 바삭한 소리.

ASMR의 원조가 아닐까요?

가격

모두를 위한 가격

단팥빵이 120원 하던 시절,
150원이었던 튀소는 45년이
지난 지금도 1,700원이라는
착한 가격으로 비교적 부담 없이
즐길 수 있는 빵입니다.

튀김소보로 한 개
1980년 ………… 150원
1985년 ………… 500원
1990년 ………… 800원
1995년 ……… 1,000원
2000년 ……… 1,200원
2005년 ……… 1,200원
2010년 ……… 1,500원
2015년 ……… 1,500원
2020년 ……… 1,500원
2025년 ……… 1,700원

튀소 한 상자는
그때도 10,000원
지금도 10,000원
'만 원의 행복'

튀김소보로 한 상자
2012년 …… 10,000원
2025년 …… 10,000원

패키지

튀소 옐로우, 튀소 박스

튀소에게 노란 옷을 입히자 튀소의 얼굴이 환해졌습니다.

이렇게 '튀소옐로우'와 '튀소체'가 완성되었고,

튀소 박스가 만들어지면서 튀소는 단순한 간식을 넘어

누군가를 위한 **따뜻한 마음**이 되었습니다.

여러분
전 세대의 튀소 사랑

튀소의 마지막 퍼즐은 바로 **여러분**입니다.

어린 날 엄마와 함께 먹던 튀소는 이제 어른이 되어

또 한 세대로 전해지고 있습니다.

튀소와 함께한 여러분의 추억,

그리고 시간과 함께 이어져온 여러분의 튀소 사랑.

마치며

내일, 또 뵙겠습니다!

    튀소의 빵생 스토리 45년 역사를 쭉 돌아보니 긴 시간 튀소와 함께 웃고, 울고, 기뻐하며, 때로는 용기를 얻기도 했던 소중한 순간들이 새록새록 떠오릅니다.
튀소는 성심당의 시간 속에서 빼놓을 수 없는 주인공이었습니다.
성심당의 대들보
성심당의 슈퍼스타
성심당의 전설...
이 모든 타이틀이 아깝지 않을 만큼 고마운 존재
바로! 튀김소보로입니다.

    하지만 지난 시간을 곱씹어 보니, 이토록 화려한 튀소의 타이틀을 완성시킨 것은 저도, 제빵사도 아닌 성심당을 찾아주시고 튀소를 사랑해 주신 여러분 덕분임을 느끼게 됩니다.
여러분의 사랑이 없었다면 오늘의 성심당은 없었을 것입니다.

2005년 화재로 문을 닫을 위기에 처했을 때에도, 대전시민들의 진심 어린 격려가 큰 힘이 되어 다시 일어설 수 있었고, Covid-19 시기 빵을 사러 나오기 어려웠던 순간... 여러분들은 늘 저희와 함께하며 응원해 주셨습니다.

대전시민의 넘치는 사랑에 힘입어 이제는 전국의 많은 분들이 성심당을 찾아주십니다. 감사합니다.
모든 것이 모두의 덕분입니다.

"내일 또 뵙겠습니다!"

다시 태어나도 빵장수가 되고 싶은

성심당 빵마담 김미진 올림

튀소의 연혁
45년의 빵생스토리

1980
- 5월 20일
  튀김소보로 탄생

2009
- 12월 24일
  KBS 〈무한지대 큐〉 출연

2011
- 9월 16일
  특허 출원 '특허 제 10-1104547호'
- 노란 옷을 입은 튀소

2012
- 11월 13일
  대전역 성심당 입점
  - 튀소, 전 국민의 간식이 되다.
- 첫 튀소 선물 세트

2013
- 1월 14일
  서울 롯데백화점 소공동 본점 팝업스토어
  'No.1 베이커리 초대전'
- 10월 2일
  롯데백화점 부산 본점 팝업스토어
  'No.1 베이커리 앵콜 초대전'

2017

1월 20일
나의 사랑, 나의 튀소
35주년 기념 '튀소구마' 탄생

2019

6월 19일
서울국제도서전 SIBF 참가
'책 내는 빵집. 성심당'

2020

10월 1일
튀소불혹
40주년 기념 '초코튀소' 탄생
- 튀소 에세이 공모전
- 튀소 사생대회

2024

9월 24일
DCC (대전컨벤션센터) 튀소정거장 오픈
- 튀소 N행시 공모전
- 튀소 굿즈 공모전

2025

8월
45주년 기념 〈안녕, 튀김소보로〉 전시
〈땡큐해, 튀소〉 출간

10월
롯데백화점 대전점 튀소정거장 오픈

튀 소
117,12

일 억 천 칠 백 십

밀가루
3,045톤
대전월드컵경기장 7.1개

사용된 밀가루의 무게는 총 3,045톤으로
대전월드컵경기장 7.1개 크기의 밀밭에서 재배되는 양이다.

팥
283억개
서울-대전 왕복 750회

사용된 팥을 낱알로 길게 줄 세우면 283,452km로
서울에서 대전(151km)을 750회 왕복한 거리다.

우유
58만 리터
802년간 1인 수분 섭취량

사용된 우유는 총 58만 리터로,
성인의 1인 수분 섭취량(2리터)을 802년간 마신 양이다.

튀소 기네스는 우리가 맛본 튀소의 양을 대

기네스
9,207

구 천 이 백 칠

버터
268톤
대전 시내버스 72대

사용된 버터의 무게는 468톤으로
대전 시내버스 72대를 채운 양이다.

식용유
2,928톤
한밭수영장 1개

사용된 식용유의 무게는 2,928톤으로
한밭수영장을 1번 채운 양이다.

계란
1,756만개
대전지하철 왕복 22.9바퀴

사용된 계란을 길게 줄 세우면 총 1,756km로
대전 지하철(23km)을 22.9번 왕복한 거리이다.

글로 재미있게 비교해 본 숫자입니다.　　　　　　　　　　　2025년 7월 기준

성심당
빵도 먹고 밥도 먹고

❶ 성심당 본관
1F 성심당 본점
밀가루 두 포대로 시작된
대전 향토 빵집

2F 성심당 테라스키친
전국 최초 베이커리 레스토랑
돈가스와 오므라이스가 있는
경양식 맛집

B1 샌드위치정거장
샌드위치는 본점 지하로 오세요!

❷ 성심당 신관
1F 성심당 케익부띠끄 본점
다양하고 특별한 디저트를
만날 수 있는 공간

2F 성심당 플라잉팬
품격 있는 이탈리안 레스토랑
화덕피자, 스테이크, 파스타, 와인

❸ 성심당 옛맛솜씨
노스탤지어 감성을 담은 우리 과자점

❹ 시루케익 전문점
시루케익만 판매하는 시루케익 전문점

❺ 성심당 문화원
성심당의 철학과 문화를 담은 곳
1F : 메아리상점 Cafe & Goods
2F : 메아리상점 Eco Life & Old story
3F : 메아리라운지 Pop up & Experience
4F : 갤러리라루 History Museum
5F : 갤러리라루 History Museum
B1 : 메아리곳간 Cafe & Bread

❻ 성심당 삐아또
이탈리안 토스카나 지방의 따뜻한
정서를 담은 소박한 파스타 전문점

❼ 성심당 우동야 본점
춤추는 면발의 노하우!
우동, 튀김, 주먹밥까지
혼밥족의 플레이스

DCC점

⓫ 튀소

• 한빛탑

⓾ 성심당 D
대전 컨벤

롯데점

❾ 성심당 롯데점

용문역
4번 출구

중앙로역에서 지하철 13분

❷ 중앙로역 2번 출구에서
성심당 케익부띠끄까지
도보 1분 D-1번 출구

중앙로역
2번 출구

❹ 시루케익전문점

❷ 케익부띠끄

지하상가
D-1번 출구

• 하나은행

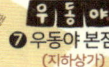
❼ 우동야 본점
(지하상가)

우리들공원
주차장

❽ 성심당 대전역점
기차 여행의 필수 코스
07:00~23:00

❾ 성심당 롯데점
약 500평! 1층부터 지하까지
어마어마하게 큰 성심당 종합세트
1F 성심당 & 샌드위치 정거장
B1 케익부띠끄 Cake & Cafe
   옛맛솜씨 전통과자
   성심당 리틀키친 식사 & 키즈존

❿ 성심당 DCC점
엑스포 다리 건너서도 성심당 빵, 케익
그리고 브런치 카페까지 있는 DCC점
1F 성심당 & 케익부띠끄
B1 브런치 카페 08:00~20:00

⓫ 튀소정거장
DCC점 길 건너 튀김소보로 전문점
튀소, 튀소구마, 초코튀소, 부추빵만
손쉽게 Pick!

⓬ 성심당 우동야 DCC점
춤추는 면발의 노하우!
브레이크 타임이 없어요!

본점에서 도보 15분

정오 주차장

"성심당은 대전의 문화입니다."

1956년, 대전역 앞 작은 찐빵집에서 시작된 성심당은
대전 시민의 자부심과 사랑으로 성장하여
대전을 대표하는 향토기업이 되었습니다.
우리는 가톨릭 정신을 바탕으로
지역 사회에 봉사하는 가치 있는 기업이 되며,
'맛있는 빵, 경이로운 빵, 생명의 빵'을 통해
'사랑의 문화'를 이루어 가겠습니다.

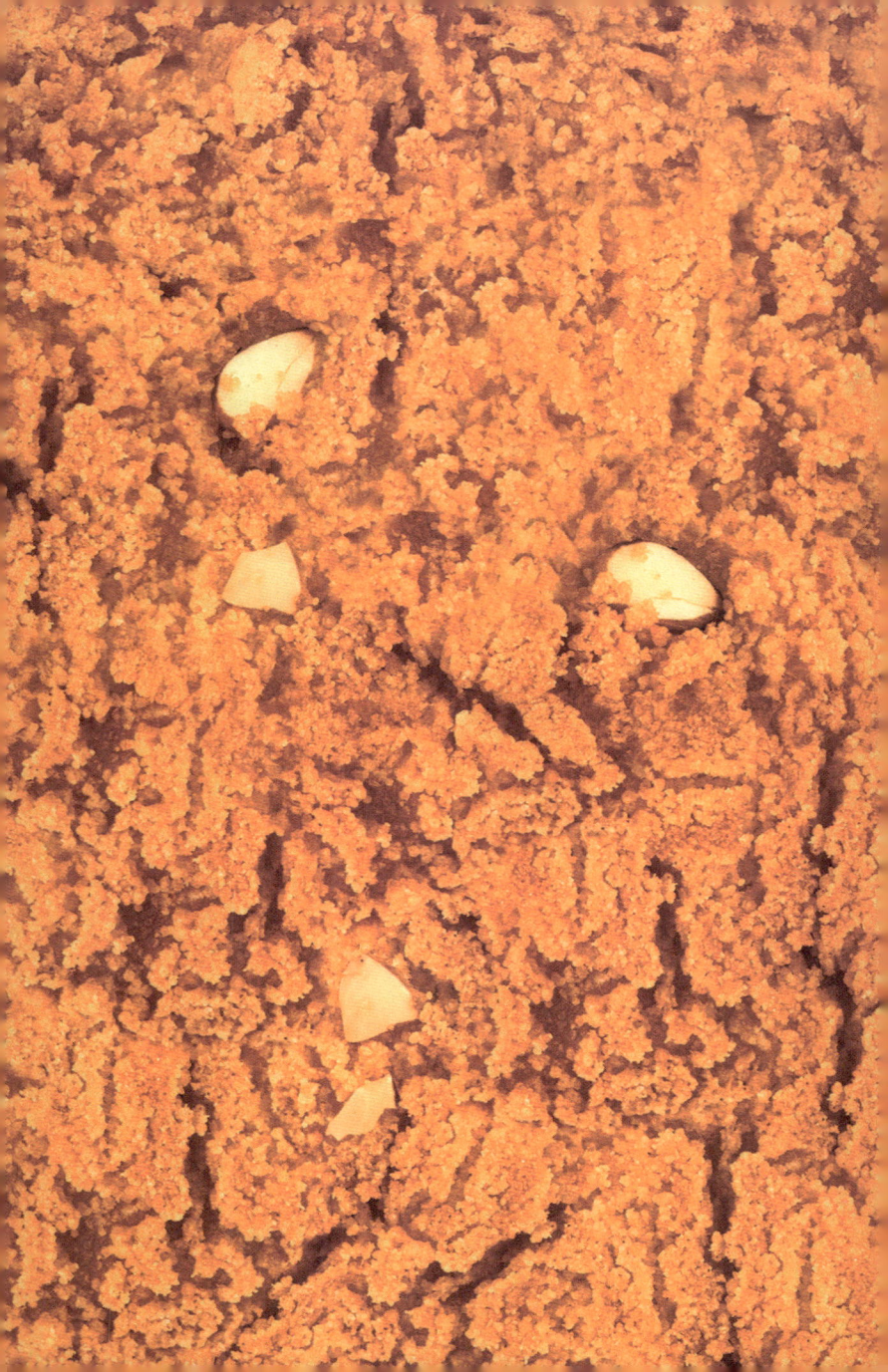